A Glimpse of the Chihuahuan Desert

Una Vislumbre del Desierto Chihuahuense

Please enjoy!
Pat Mihok

Organ mountains

A Glimpse of the Chihuahuan Desert

Una Vislumbre del Desierto Chihuahuense

Patricia R. Mihok

Mogollon Publications

Copyright © 2014 Patricia R. Mihok

Spanish Translation: Donna Yargosz

All photos by Patricia R. Mihok except the following:
Dedication page: Ryan Biszick
Fawn/cervato: National Park Service
p. 7   Jessica Biszick
p. 10   NASA
p. 12   National Park Service
p. 27   Robert Wagner (elk herd)
p. 42   National Park Service (bear and mountain lion)
p. 47   Richard Quick, Las Cruces Museum of Nature and Science (rattlesnake)
p. 48   Richard Quick, Las Cruces Museum of Nature and Science
p. 51   Merlin D. Tuttle (bat), Robert Wagner (bobcat)

Book design by Longfeather Book Design
www.LongfeatherBookDesign.com

ISBN: 978-0-9915738-0-6
LCCN: 2014901360

Mogollon Publications

Dedicated to my granddaughter, Ryan, who loves science, especially the experiments.

Dedicado a mi nieta, Ryan, quien ama la ciencia, especialmente los experimentos.

Cholla flowers/flores de cholla

Acknowledgments

Patricia would like to thank Donna Yargosz for translating to Spanish, Caiti Steele for creating the maps, and Stephanie Bestelmeyer and Rink Somerday for reviewing the book and their support throughout this project.

Agradecimientos

Patricia les quería dar las gracias a Donna Yargosz por traducir al español, a Caiti Steele por crear los mapas, y a Stephanie Besterlmeyer y a Rink Somerday por repasar este libro y por su apoyo durante todo este proyecto.

A Glimpse of the Chihuahuan Desert

Una Vislumbre del Desierto Chihuahuense

Fawn/cervato

The Chihuahuan Desert

The Chihuahuan Desert has more kinds of plants and animals than almost any desert on planet Earth.

El Desierto Chihuahuense

El Desierto Chihuahuense tiene más tipos de plantas y animales que casi cualquier otro desierto en el planeta Tierra.

Shrubland/chaparral

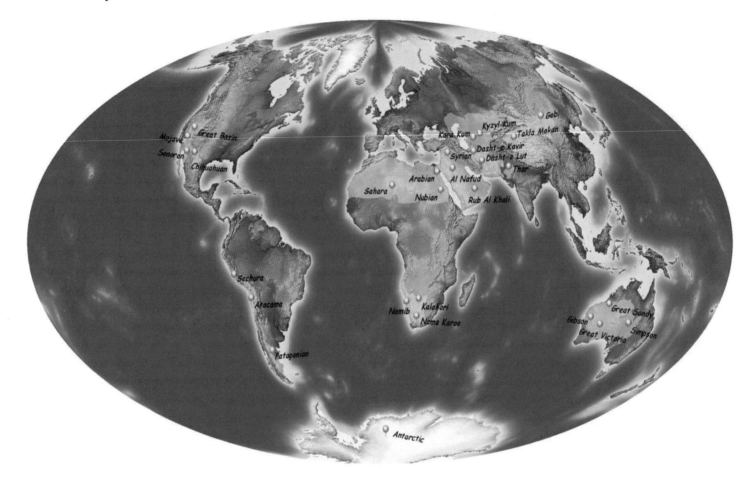

Desert Regions

Continents are the largest pieces of land on Earth. All the continents have deserts.

Regiones de desierto

Los continentes son las piezas más grandes de la Tierra. Todos los continentes tienen desiertos.

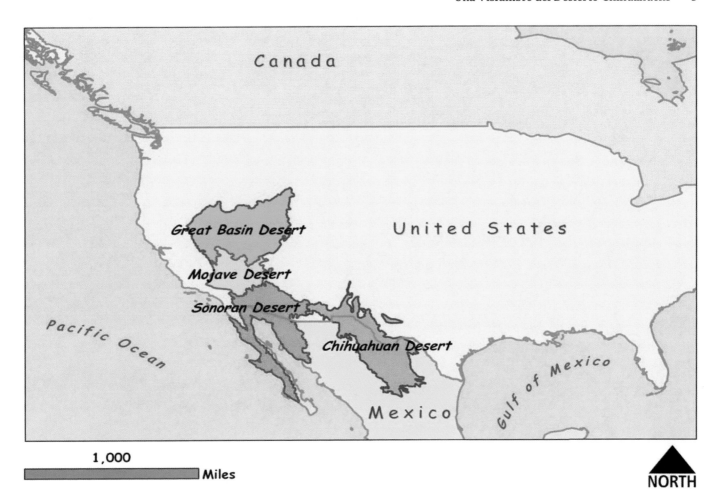

North America has four deserts. They are the Chihuahuan (chi whou whan) Desert, the Sonoran (sun or an) Desert, the Mojave (mo hov ee) Desert, and the Great Basin (ba sin) Desert. They are called rain shadow deserts because mountains block rain from reaching these places.

Norteamérica tiene cuatro desiertos. Son el Desierto Chihuahuense, el Desierto Sonorense, el Desierto Mojave, y el Desierto La Cuenca Grande. Se describen como desiertos de la sombra de lluvia porque las montañas previenen que la lluvia alcancen estos lugares.

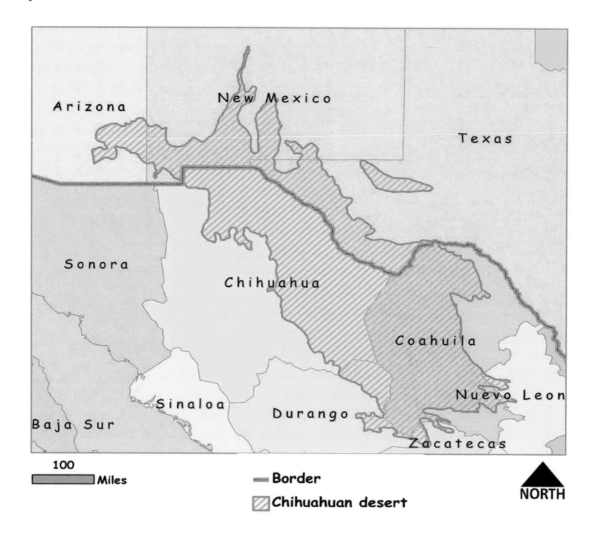

The Chihuahuan Desert covers parts of the United States and Mexico, as does the Sonoran Desert. The Mojave and Great Basin Deserts are located only in the United States. The Chihuahuan Desert is the largest of the four North American deserts.

El Desierto Chihuahuense cubre partes de los Estados Unidos y México, así como el Desierto Sonorense. Los Desiertos Mojave y la Cuenca Grande se localizan totalmente dentro de los Estados Unidos. El Desierto Chihuahense es el desierto más grande de Norteamérica.

Climate

When scientists use the word climate, they are referring to how hot, cold, wet, or dry an area is over a long period of time. Some people think that a desert climate is always hot, but that is not true. A desert can be hot or cold, but is dry more than wet. The continent of Antarctica is considered a desert.

Clima

Cuando los científicos usan la palabra clima, refieren a lo caliente, lo frío, lo mojado, o lo seco que es un área por un período largo de tiempo. Unas personas piensan que el clima de un desierto siempre es caliente, pero no es la verdad. Un desierto puede ser o caliente o frío, pero siempre es seco más tiempo que es mojado. El continente de Antártida se considera un desierto.

Winter sunrise /entrada del sol en invierno

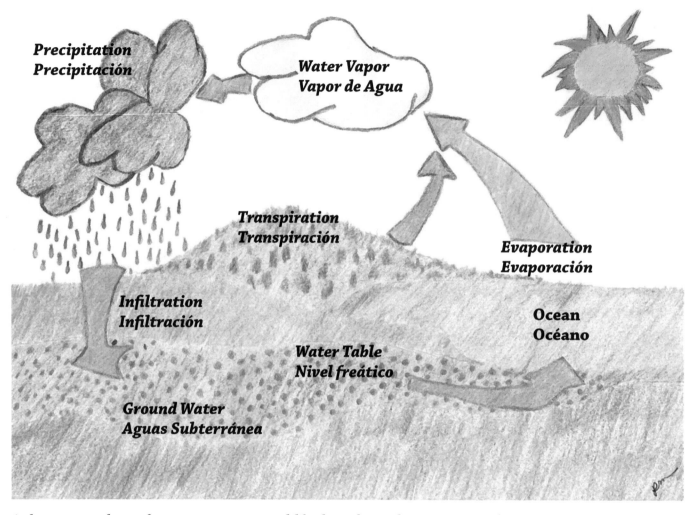

A desert is a place where more water could be lost through *evaporation* than is gained in precipitation. The average *annual* precipitation in the Las Cruces, NM area of the Chihuahuan Desert is 9 inches. Some parts of North America get as much as 42 inches of rain a year.

Un desierto es un lugar donde se puede gastar más agua por la *evaporación* que se añade por la precipitación. El promedio anual de precipitación en el área del Desierto Chihuahuense en Las Cruces, NM, mide 9 pulgadas. Unas partes de nuestro país reciben tanto como 42 pulgadas por año.

Weather

The southern part of the Chihuahuan Desert can get as hot as 120°F in the summer, but the northern part of the Chihuahuan Desert gets up to about 110°F in the summer, and can get below freezing in the winter and have snow.

Tiempo

La parte sur del Desierto Chihuahuense puede hacer calor como 120°F en el verano, pero la parte norte del Desierto Chihuahuense llega hasta los 110°F en el verano, y puede estar debajo del punto de congelación en el invierno y tener nieve.

Snow at Aguirre Springs/ nieve a Aguirre Springs

Altocumulus Lenticular cloud/nube Altocumulus Lenticular

Mammatus clouds/nubes Mammatas

Rio Grande in drought/Rio Grande en sequía

October to June is the driest time of the year in the Chihuahuan Desert. The rainy season, called the monsoon season, usually starts in July and can last through September. Thunderstorms form in the afternoons during the monsoon season and can cause short, but very heavy rainfalls and flash floods. Springtime brings windstorms of up to 70 miles per hour.

Octubre a junio es la temporada más seca del año en el Desierto Chihuahuense. La temporada lluviosa, también llamada la temporada de monzón, normalmente empieza en julio y puede durar hasta septiembre. Normalmente las tronadas se forman en las tardes durante la temporada de monzón, y pueden causar caídas de lluvia breves pero muy duras y crecidas (inundaciones arrepentinas). La primavera trae ventarrones hasta los 70 millas por hora.

Mesilla Valley/Valle de Mesilla

Dust devils, also called whirl-winds, can be seen in the desert when the air close to the soil begins to heat up. The hot air goes up and whirls like a tornado. They are usually too small to be dangerous, but you might get sand in your eyes and hair if you are in one's path.

Los remolinos, también llamados torbellinos, se pueden ver en el desierto cuando el aire cerca del suelo empieza a calentarse. El aire caliente se sube y gira como un tornado. Normalmente son demasiado pequeños para hacer daño, pero puede ser que va a echar arena en los ojos y el pelo si estás cerca de uno.

Dust devils/Los remolinos

Landforms

Landforms in the Chihuahuan Desert are called basins and ranges. Ranges are rows of mountains and basins are the low places, or valleys, between the mountains. The changes in elevation, high and low areas, cause this desert to be one of the most rich and *diverse* regions of the world for plants and animals.

Formas del terreno

Las formas del terreno en el Desierto Chihuahuense se llaman cordilleras y cuencas. Las cordilleras son filas de montañas, y las cuencas son los lugares bajos, o valles, entre las montañas. Los cambios de elevación, áreas altas y bajas, hacen este desierto uno de las regiones más ricas y *diversas* del mundo para las plantas y los animales.

Igneous rocks/rocas igneas

Besides basins and ranges, the Chihuahuan Desert has some *unique* land forms such as Carlsbad Caverns National Park (caves) and White Sands National Monument (gypsum sand dunes).

Carlsbad Caverns/Cavernas de Carlsbad

Además de las cuencas y las cordilleras, el Desierto Chihuahuense tiene unas formas *únicas* de la tierra, por ejemplo el Parque Nacional de las Cavernas de Carlsbad (cuevas) y el Monumento Nacional de Arenas Blancas (médanos o dunas de arena de aljez).

White Sands/Arenas Blancas

Riparian sunrise/entrada del sol ribereño

Ecosystems

Landforms and human activities have combine to create the many types of *ecosystems* that exist in the Chihuahuan Desert.

Ecosistemas

Las formas del terreno y las actividades humanas se han combinado para crear los muchos tipos de *ecosistemas* que existen en el Desierto Chihuahuense.

Open woodland/arbolado abierto

Shrubland/chaparral

The Chihuahuan Desert floor used to be covered mostly with grasses, but today it is mostly covered with shrubs, which have many stems and do not get very tall. The change from grassland to **shrubland** is called desertification.

El suelo del Desierto Chihuahuense era cubierto mayormente por los pastos, pero hoy mayormente está cubierto por arbustos, que tienen muchos tallos y que no crecen muy altos. El cambio de pastizal o pradera a **chaparral** se llama desertificación.

Snow covered shrubland/chaparral cubierto por nieve

Mountain stream/corriente de la montaña

Long-billed dowitchers

Permanent *aquatic* areas are bodies of water which do not dry up. They include rivers, wetlands, mountain streams, lakes, pools, springs, and man-made bodies of water. The Chihuahuan Desert has two large rivers, the Rio Grande and the Pecos.

Las permanentes áreas *acuáticas* son cuerpos de agua que no se secan. Incluyen ríos, pantanos, corrientes en las montañas, lagos, charcos, fuentes, y cuerpos de agua hechos por las personas. El Desierto Chihuahense tiene dos ríos grandes: el Río Bravo (o el Río Grande) y el Pecos.

Dripping Springs

Mallard duck/lavanco

Riparian areas/Área ribereño

Common reed/Carrizo

Sandhill crane/grulla de la duna

Riparian (rip air ee an) **areas** are the banks of rivers, streams, or other bodies of water. As water slowly winds past, the banks soak it up like a sponge. If the level of water falls, water is released from the banks. In a dry desert these areas are important because they provide water, food, and shade for many plants and animals. They also clean the water that moves past them.

Áreas ribereñas son las riberas de los ríos, corrientes, u otros cuerpos de agua. Mientras el agua lentamente pasa en forma de un S, las riberas la absorben como una esponja. Si el nivel del río se cae, el agua se sale de las riberas. En un desierto seco estas áreas son importantes porque proveen agua, comida, y sombra para muchas plantas y animales. También limpian el agua que pasa por ellos.

Lake Lucero Playa/playa del Lago Lucero

Arroyo with snow/arroyo con nieve

Selenite/selenita

Arroyo

Ephemeral aquatic areas are bodies of water that only last for a short time. They include lakes (playas), dry streambeds (arroyos), small pools, or puddles. These areas seem lifeless until the summer rains, when they come alive with creatures who have adapted to these extreme conditions.

Acuáticas áreas efímeras son cuerpos de agua que duran sólo por un tiempo breve. Incluyen lagos (playas), arroyos, o charcos pequeños. Estas áreas se parecen sin vida hasta las lluvias del verano, cuando se hacen vivos con las criaturas que se han adaptado a estas condiciones extremas.

Moving up from the desert floor, **open woodland** can be found. The trees there have spaces between them where grasses and shrubs grow. Trees in these areas have to get by with little water and do not grow very tall. Piñon, oak, and juniper trees grow there.

Moviendo arriba del suelo del desierto, se pueden encontrar **arbolado abierto**. Allá los árboles tienen espacios entre ellos donde existen los pastos y los arbustos. Los árboles de estas áreas tienen que sobrevivir con poca agua y por eso no se hacen muy altos. Los árboles de piñon, roble, y enebro se ocurren allá.

Open woodland/arbolado abierto

Mountain forest/bosque de la montaña

Above the open woodlands are the **mountain forests**. Ponderosa pine forests come first, then mixed *conifer* forests above that. The trees in both these areas have to have special adaptations to help them survive lack of water, extreme cold, and hurricane force winds.

Arriba de los arbolados abiertos son los **bosques de las montañas**. Bosques de piño ponderosa se ven primero, y luego los bosques mixtos de coníferos más arriba. Los árboles en estas dos áreas tienen que tener adaptaciones especiales para ayudarles sobrevivir la falta de agua, el frío extremo, y los vientos con la fuerza de huracanes.

Mountain forest stream/corriente del bosque montañoso

Elk herd/manada del alce

Croplands are areas where people farm. These areas provide food and water for desert animals. They can also be a dangerous place for animals when fields are mowed or water is cut off.

Áreas cultivadas son las áreas donde las personas tienen sus granjas. Estas áreas proveen comida y agua para los animales del desierto. También pueden ser un lugar peligroso para los animales cuando el campo se corta o el agua se para.

Pecan orchard/ huerto de pacana

Windmill/ Molino

Cropland/Área cultivado

Market/mercado

More and more people are moving into the Chihuahuan Desert. **Urban areas** are growing. Buildings, roads, lights, and noise change the desert. Some animals adapt well to these changes like birds and coyotes, but others do not do as well because their habitat, or space to live, raise young, and hunt, shrinks.

Más y más gente se mueve al Desierto Chihuahuense. Las **áreas urbanas** están creciendo. Edificios, calles, luces, y ruido cambian el desierto. Unos animales se adaptan bien a estos cambios, por ejemplo los pájaros y los coyotes, pero otros no se adaptan tan bien porque su habitat, o el espacio en que viven, crian sus niños, y cazan, se contrae.

Urban ecosystem/ecosistema urbano

*Soaptree yucca/
yuca de soaptree*

Plant Life

The Chihuahuan Desert contains over 3,000 types of plants. These plants all have *adaptations* that make it possible for them to live in the hot, dry desert conditions. They have special features which help them collect and store water or reduce water loss (transpiration.)

Vida de plantas

El Desierto Chihuahuense contiene más de 3,000 tipos de plantas. Todas estas plantas tienen sus *adaptaciones* que hacen posible que vivan en las condiciones calientes y secas del desierto. Tienen aspectos especiales que las ayudan a coleccionar y guardar agua o reducir el gasto de agua (transpiración).

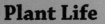

Ocotillo

Lechuguilla

Succulents are plants with thick fleshy leaves or stems that have a waxy coating. They are able to store water in their leaves, stems, and roots and the waxy coating helps to keep that water from evaporating.

Los **suculentes** son plantas con hojas gruesas y carnosas o tallos que tienen un cubierto ceroso. Pueden guardar agua en sus tallos, hojas, y raíces, y el cubierto ceroso los ayuda a no perder el agua por la evaporación.

Blooming lechuguilla/lechuguilla floreciente

Soaptree yucca/yuca de soaptree

Barrel cactus/biznaga

Cacti are a kind of succulent that has spines (thorns). Cacti are native to the American continents. There are more types of cacti in the Chihuahuan Desert than any other desert region of the Americas.

Los **cactos** son una clase de suculente que tiene espinas. Se encuentran los cactos mayormente en los continentes americanos. Hay más tipos de cactos en el Desierto Chihuahuense que en cualquier otra región desértica de las Américas.

Prickly pear/nopales

Desert Christmas cactus/tasajillo

Mesquite

Bird of paradise/ave del paraíso

Four-wing saltbush/chamizo

Creosote bush

Apache plume

Ocotillo shrub

Creosote is the **shrub** seen most often in the Chihuahuan Desert. Many burrowing animals live under its shade. Other shrubs include mesquite and acacia. The ocotillo has long spiny stems tipped with red flowers in the spring. It drops its small green leaves when the weather is dry and grows them again when it gets enough rain.

Guamis (o gobernadora) es el **arbusto** más visto en el Desierto Chihuahuense. Muchos animales que cavan sus madrigueras viven debajo de su sombra. Otros arbustos incluyen mesquite y acacia. El ocotillo tiene tallos largos y espinosos con flores rojas a sus fines en la primavera. Las pequeñas hojas verdes se caen cuando está seco y se crecen otra vez cuando recibe suficiente lluvia.

Grama **grasses** are the most common type of grass found in the desert.

Los **pastos** de grama son el tipo de pasto más común encontrado en el desierto.

Grama grass/grama

Squirreltail grass/hierba squirreltail   *Grama grass/grama*

There are many kinds of conifer trees in the **mountain forests**. The ponderosa pine has several adaptations. It needs little water; its roots can grow down as far as 36 feet and out as far as 100 feet from the trunk. Its needles can soak up water, and its thick bark helps protect it from wildfires.

Hay muchos tipos de árboles coníferos en los **bosques de las montañas**. El pino ponderosa tiene varias adaptaciones. Necesita poca agua; sus raíces pueden extender abajo hasta los 36 pies y a los lados hasta los 100 pies desde el tronco. Sus hojas aciculares pueden absorber el agua, y su corteza gruesa le ayuda si hay un incendio en el bosque.

Ponderosa pines/pinos ponderosa

Mallow/malva

Checkered skipper

Rocky Mountain pussytoes

In the spring and during the monsoon rains, the Chihuahuan Desert has many beautiful **wild flowers**.

En la primavera y durante las lluvias de monzón, el Desierto Chihuahuense tiene muchas **flores silvestres** bonitas.

Sand verbena/verbena de arena

Black bear/
oso negro

Mountain lion/puma

Larva

Animal Life

Animals that live in the hot desert have many adaptations. Some animals, like the kangaroo rat, never need to drink water. They get their water from the seeds they eat. Many animals are *nocturnal*, sleeping during the hot day and only coming out at night to hunt and eat. Some animals hardly spend any time above ground. *Diurnal* animals seek shade during the hot days.

Vida de animales

Los animales que viven en el desierto caluroso tienen muchas adaptaciones. Unos animales, como la rata canguro, nunca necesitan tomar agua. Reciben su agua desde las semillas que comen. Muchos animales son *nocturnos*, durmiendo durante el día caliente y saliendo sólo durante la noche para cazar y comer. Unos animales casi nunca pasan tiempo arriba en el suelo. Animales *diurnos* buscan la sombra durante los días calientes.

*Gambel's quail and mockingbird/
codorniz de Gambel y cenzontle*

Many interesting and sometimes dangerous **arachnids** and other **arthropods** live in the Chihuahuan Desert. Tarantulas are large, scary looking spiders that are not deadly, as some people think. However, the small black widow and brown recluse spiders are two of the deserts most *venomous* creatures. The desert centipede's bite is very painful. Vinegaroons look scary, but they are harmless and eat many insect pests.

Tarantula

Muchas **arácnidas** y otros **artrópodos** interesantes y a veces peligrosos viven en el Desierto Chihuahuense. Tarántulas son arañas grandes que se ven espantosas que en realidad no son mortales como piensan unas personas. Sin embargo, la pequeña viuda negra y la araña reclusa marrón son dos de las criaturas más *venenosas* del desierto. La mordida del ciémpies del desierto le duele mucho. Los vinagrillos se ven espantosos, pero no le hacen daño y comen muchos insectos nocivos.

Centipede/ciempiés

Millipede/milpiés

Scorpion/escorpión

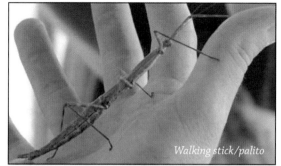
Walking stick/palito

Skipper

This desert is home to many kinds of **insects** which are important to the desert ecosystems. Insects pollinate plants so they can make fruit and seeds which other desert animals need to survive. Some insects eat other insects. Insects are also food for other animals like arachnids, *amphibians, reptiles*, fish, birds, and *mammals* like bats and even bears.

Este desierto es hogar de muchos tipos de **insectos** que tienen importancia para los ecosistemas del desierto. Los insectos polinizan las plantas así que pueden hacer las frutas y semillas cuales otros animales del desierto necesitan para sobrevivir. Unos insectos comen otros insectos. También los insectos sirven como comida para otros animales como las arácnidas, *anfibios, reptiles*, peces, pájaros, y *mamíferos* como las murciélagos y aun los osos.

Bug/insecto

Common checkered skipper

Sonoran bumblebee/abejorro de Sonora

Amphibians must have water to survive and reproduce, so many people think there are not any in the desert, but there are. The Spadefoot Toad spends up to nine months every year underground (*estivate*) and comes to the surface during the rainy season. The Barred Tiger Salamander also burrows or uses rodents' burrows to keep from drying out.

Los **anfibios** tienen que tener agua para sobrevivir y reproducirse, así que muchas personas piensan que no hay ningunos de ellos en el desierto, pero sí que hay. El Sapo con Espuelas pasa hasta nueve meses cada año debajo de la tierra (llamado *estivación*) y se sube al superficie durante la temporada lluviosa. La Salamandra Tigre también cava una madriguera o usa las madrigueras de roedores para evitar secarse.

Great Plains toad/sapo de Grandes Llanuras

Tiger salamander/salamandra tigre

Texas horned lizard/camaleón

*Desert spiny lizard/
lagartija espinosa del desierto*

*Greater earless lizard/
lagartija mayor sin orejas*

Black-tailed rattlesnake/cascabel cola negra

Whipsnake

Rattlesnakes are the most well known **reptiles** in the Chihuahuan Desert. But, many snakes are not venomous. Lizards are a frequent sight and not harmful. The Horned Lizard or Horny Toad (not a toad as it is often called) helps keep the ants under control. Turtles can be found on the desert floor as well as in aquatic areas. The Texas Tortoise enjoys eating the fruit of the prickly pear cactus.

Las cascabeles son los **reptiles** más conocidos del Desierto Chihuahuense. Pero, muchas víboras no son venenosas. Las lagartijas se ven mucho y no le hacen daño. El camaleón (que no es sapo según su apodo en inglés) ayuda a controlar las hormigas. Las tortugas se encuentran en el suelo del desierto también que en áreas acuáticas. La Tortuga de Tejas goza comer la fruta de los nopales.

Chihuahuan Desert **fish** live in permanent aquatic environments. Most of them are very small fish. Many of them are *endangered* because of human activity such as building dams and polluting water. *Drought* is also a problem for them. Scientists are working to make sure that fish like the Rio Grande Silvery Minnow, the Pecos Gambusia, and the White Sands Pupfish do not become extinct.

Los **peces** del Desierto Chihuahuense viven en ambientes que son permanentemente acuáticos. La mayoría son peces muy pequeños. Muchos están *en peligro* a causa de las actividades de las personas tal como construír represas y contaminar el agua. También la *sequía* es un problema para ellos. Los científicos trabajan para asegurar que los peces como la carpa chamizal del Río Grande, la Gambusia del río Pecos, y el cachorrito cangrejero de las Arenas Blancas no se hacen extintos.

Rio Grande sucker/pez del Rio Grande

Rio Grande chub/pez del Rio Grande

Rufus hummingbird/ chuparrosa

Hundreds of types of **birds** make their home in the desert. The types vary depending on the ecosystem and the season. The Greater Roadrunner, Gamble's Quail, doves, hummingbirds, Turkey Vultures, and hawks are found in the shrublands. The Great Blue Heron, Bald Eagles, and Sandhill Cranes are among the birds found in riparian areas.

Cientos de tipos de **pájaros** hacen su hogar en el desierto. Los tipos se varían dependiendo del ecosistema y la temporada. El Correcaminos, el Codorniz de Gambel, las palomas, las chuparrosas, los Zopilotes, y los gavilanes se encuentran en el matorral. La Garza Azul, el Águila Cabeza Blanca, y la Grulla Canadiense son unos de los pájaros que se encuentran en áreas ribereñas.

Roadrunner/correcaminos

White-crowned sparrow/gorrión blanco coronado

Desert cottontail rabbits/Conejos del desierto

Mexican free-tailed bat/murciélago mexicano de cola libre

There are more **mammals** in the Chihuahuan Desert than any other desert in North America. Most desert mammals are nocturnal. Mammals that do come out during the day (diurnal) have adaptations that help them to deal with the dry and hot conditions.

Hay más **mamíferos** en el Desierto Chihuahuense que en cualquier otro desierto en Norteamérica. La mayoría de mamíferos del desierto son nocturnos (activos durante la noche). Los mamíferos que se salen durante el día (diurnos) tienen adaptaciones que les ayuda a sobrevivir en las condiciones secas y calientes.

Mule deer/venado buro

Bobcat/gato montes

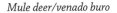
Mule deer/venado buro

White-winged doves on soaptree yucca/
Paloma pitahayera en yuca

The Chihuahuan Desert is a special place that is home to unique animals and plants.

El Desierto Chihuahuense es un lugar especial que es el hogar de únicos animales y plantas.

Katydid/chapulín verde   *Leaf-footed bug/insecto patas de hoja*   *Littleleaf sumac/zumaqui*

Hedgehog cactus/cactus erizo

Super moon/Super luna

Glossary

Adaptation	how a plant or animal becomes better able to live in a certain place
Amphibian	animals such as frogs, toads, salamanders, and newts that begin their life in water, but spend some time on land as adults
Annual	yearly
Aquatic	wet
Arachnids	animals with two body parts and eight legs such as spiders
Arthropods	animals that do not have backbones, but have exoskeletons like spiders, insects, and shrimp
Conifer	trees and shrubs that have needles, stay green all year, and grow cones with seeds inside
Diurnal	animals that are active during the day
Diverse	different, unique, unusual
Drought	lack of water
Ecosystem	plants and animals that are found in a certain area and depend on each other to survive
Evaporation	the change from liquid to gas
Endangered	could become extinct
Estivate	to spend hot, dry periods underground
Extinct	to die out so there will be no more, like dinosaurs

Ground water	water underneath the ground
Infiltration	water that soaks into the ground
Mammal	animals with backbones and hair who feed their babies milk
Nocturnal	animals that are active at night
Precipitation	rain, snow, sleet, or hail that falls from clouds
Reptile	cold-blooded animals with backbones that hatch from eggs laid on land such as turtles, lizards, snakes, and crocodiles
Transpiration	water that evaporates from plants
Unique	unusual, not found in other places
Urban	cities and towns
Venomous	an animal that has a bite that gives off poison
Water Table	the very top layer of ground water, where water first appears when you are digging a hole
Water Vapor	the gas that is formed when liquid water evaporates

Glosario

Adaptación	algo que hace o tiene una planta o un animal para sobrevivir mejor en cierto lugar
Agua subterránea	agua que está debajo del suelo
Anfibios	animales como ranas, sapos, salamandras, y tritones que empiezan su vida en agua pero pasan algún tiempo como adultos en el terreno
Acúatico	mojado
Arácnidas	animales con dos partes de cuerpo y ocho patas, como arañas
Artrópodos	animales que no tienen espinazo, pero sí que tienen exoesqueleto, tal como insectos, arañas, y camarones
Coníferos	árboles y arbustos que tienen hojas aciculares, se quedan verdes todo el año, y producen conos con semillas adentro.
Diurno	activo durante el día
Diverso	diferente, único, inusual
Ecosistema	plantas y animales que se encuentran en cierta área y que se dependen para sobrevivir
En peligro	puede ser que se hará extinto
Estivar	pasar períodos calientes y secos debajo de la tierra

Evaporación	el cambio desde líquido a gas
Extinto	lo que no existe nada más, como los dinosaurios que se han muerto y que no habrán nada más
Infiltración	agua que empapa el suelo
Mamíferos	animales con espinazos y pelo que les dan leche a sus bebes.
Nivel freático	nivel debajo del suelo en que se encuentra agua por primera vez
Nocturno	activo durante la noche
Precipitación	lluvia, nieve, aguanieve, granizo que cae desde las nubes
Reptiles	animales de sangre fría con espinazos y que salen de huevos puestos en el suelo, tal como tortugas, lagartijas, víboras, y cocodrilos
Sequía	falta de agua
Transpiración	agua que se evapora de las plantas
Único	inusual, no encontrado por otros lugares
Urbano	ciudades y pueblos
Venenoso	teniendo veneno, por ejemplo de una mordida de un animal
Vapor de agua	el gas que se forma cuando evapora agua el agua líquida

Resources/Recursos

Asombro Institute for Science Education
P.O. Box 891, Las Cruces, NM 88004-0891
http://asombro.org

Bosque del Apache National Wildlife Refuge
P.O. Box 280, San Antonio, NM 87832
http://southwest.fws.gov/refuges/newmex/bosque

Burkett, D.W. (2008) *Amphibians and reptiles of white sands missle range field guide 2008,* White Sands Missle Range, NM

Carlsbad Caverns National Park
3225 National Parks Highway, Carlsbad, NM 88220
www.nps.gov/cave/index.htm

Chihuahuan Desert Nature Center and Botanical Gardens
P.O. Box 905, Fort Davis, TX 79734
http://cdri.org

Desert USA
www.desertusa.com

Las Cruces Museum of Nature and Science
City of Las Cruces Museums, P.O. Box 20000
Las Cruces, NM 88004
www.las-cruces.org

Mesilla Valley Bosque State Park
P.O. Box 235, Mesilla, NM 88046
http://emnrd.state.nm.us

New Mexico State University
College of Agriculture and Home Economics
Digital Desert Library
http://ddl.nmsu.edu

Wallace, M.D. (1996) *America's deserts guide to plants and animals*, Golden, CO: Fulcrum Publishing

White Sands National Monument
P.O. Box 1086, Holloman AFB, NM 88330
www.nps.gov/whsa/index.htm

Made in the USA
Charleston, SC
20 September 2015